中國傳統

佛菩薩畫像大典

肆 觀音卷一

編繪 釋心德

文物出版社

序　言

觀世音菩薩的由來與發展

　　觀世音菩薩，在我國可謂是家喻户曉。古有"人人彌陀佛，家家觀世音"的説法，這句俗語，就足能使我們領悟到觀世音菩薩對人們的影響了。但這"家家觀世音"不知傳了多少歲月，究其具體的觀世音是怎樣出現和形成的，又如何贏得衆人贊譽的，却衆説紛紜。其真實情况，對没有深入研究的人，是很難説清楚的。

　　據《大正藏》21册303頁載：大聖自在天是摩醯首羅大自在天王，以烏摩女爲妻，所生三千子，其左右各千五百。左以毗那夜迦王爲第一，行諸惡事，領十萬七千諸毗那夜迦類。右千五百，以扇那夜迦持善天王爲第一，修一切善利，領十七萬八子諸福伎善持衆，此扇那夜迦持善天王，則觀世音之化身也。

　　我國密宗的雙身歡喜佛就是沿襲這種説法，是由觀世音示現女身誘障礙神和己融爲一體，即爲排除障礙，傳至後來只呼觀世音菩薩就可以排除障礙了。前者不需再提。

　　據印度婆羅門古經典《梨俱吠陀》記載：觀世音則非丈夫身亦非女兒身，而是一對可愛的小馬駒。它作爲婆羅門教的善神，象徵着慈悲和善，神力宏大。它能使盲者復明，恙疾纏身者康復，肢軀殘缺者健全，不育女性生子，公牛産乳，朽木開花。"觀世音"受到當時天竺國民的普遍信仰和崇奉，影響十分巨大而深遠。

　　據《悲華經》載：天竺有轉輪聖王，名無净念。王有千子，第一王子名不昫，即觀世音菩薩，第二王子名尼摩，即大勢至菩薩，第三王子名王象，即文殊，第八王子名泥圖，即普賢菩薩。不昫曾發下宏願，要解除世間衆生的一切苦難。後來，轉輪聖王成佛，即阿彌陀佛，不昫也經數十年修煉而成佛，稱"正法明如來"。所以，後來不昫成了阿彌陀佛的左脅侍，大勢至成了右脅侍，即西方三聖。

　　在中國則以妙莊王三女兒妙善公主得道成觀音最爲廣泛流傳。相傳妙莊王第三個女兒名叫妙善，天資聰慧、美麗，從小篤信佛教，年歲稍大，父王爲其配嫁，她執意要削髮爲尼。妙莊王將她逐出王宫。妙善決意皈依佛法，於是到宫外的山坳叢林——清秀庵修行。妙莊王發現女兒抗旨出家，怒火頓燒，率兵馬將她捉拿，當即在京城斬首示衆，并將她的靈魂墜入地獄之中。玉皇大帝聞訊後，命閻羅王將妙善靈魂救起，將她復活於香山紫竹林中。從此，妙善普度衆生，行善天下，示現稱爲觀世音菩薩。後來，妙莊王得了重病，久治不愈，醫士告訴他説："須親骨肉手眼，方可醫得。"在這種情况下，他的大女兒妙圓、二女兒妙英都嚇跑了。妙善得知此事後，不計父王舊惡，依然砍下自己的雙手，挖出雙眼，製成藥丸，救活了父王。妙莊王了解此事後，慚愧萬分。爲紀念自己的愛女，請工匠爲女兒雕塑全身全眼像，工匠們誤聽爲千手千眼，所以後來的觀音就有了千手千眼了。今河南寶豐縣香山寺的宋蔡京所書《大悲觀世音菩薩得道遠徵果史話碑》詳載了此事。

　　在我國的東晉以前，所描繪和塑造的觀世音像幾乎都是男性，一位偉丈夫。東晉以後，觀世音造像開始出現了女性相。明代胡應麟在《少室山房筆叢》談："女像觀世音造像，始於南北朝。"河南洛陽龍門石窟的"楊枝觀音像"塑造於北朝，北魏孝文帝遷都洛陽（公元493年）前後，是我國女像觀音較早的代表作。觀世音頭戴寶冠，右手托净瓶，輕肩頭，顯得嬌柔無力，這尊像雖因年代久遠而剥損許多，但從其優美動人的形態中，我們還能看出當年明媚的姿容，觀世音菩薩這嫵媚嫻雅的美好形象，給後代人們以不少的啓迪。經唐代名畫家吳道子、閻立本手繪，形象更爲完美傳神。"楊枝觀音"的媚態雖然漢化，但也受到古印度佛畫藝術風格的影響。在印度阿旃陀古石窟壁畫中，一幅"持蓮花菩薩"充分展示了慈悲觀世音的動人豐姿。她身穿透明的薄衣，頭戴高高的寶冠，上有鏤金的蓮花和茉莉花，右手持一朵蓮花，雙目凝視手中的蓮花，神情安詳閑適，内心世界圓覺無礙，似乎已達到了無上寧静的境界。這種"非男非女"的形象和精美的服飾，既象徵了她的善良慈悲，又反映出觀世音無上高貴的姿容，其傳入中國後，爲中國佛教徒所接受。

觀世音菩薩造像，在我國歷代都有變化。初傳入時一般不着僧衣而裸露上身，蓄髭須而且留長眉。隋朝出現一種非男非女相——圓盤臉、柳葉眉、丹鳳眼、櫻桃嘴，外加蝌蚪小髭。當然也有純女性的。唐朝開始，觀世音造像基本定型。頭戴鳳凰寶冠，蓄長髮而垂肩，豐潤的圓盤臉上有一對長而彎的秀眉，挺直的小鼻，小而好看的朱唇，上身横披天衣而袒胸露臂，挂瓔珞，戴項飾，下身着錦綉羅裙，一派貴族婦女之華裝。唐朝以後，觀世音造像除衣飾略有更改外，無大的變化。

由以上可知觀世音的由來和發展的軌迹，正是根據以上的種種説法，形成了各地區各民族對觀世音的由來説法不一。但總其形象畫法約有三類，一是遵照佛教經典、儀規所繪製的供養像，或一面二臂，或坐或立，相好端嚴符合法度的聖觀音。二是遵照密宗儀規，所繪的一面二臂或多面多臂手持種種法物的觀音，如：如意輪觀音、十一面觀音、四臂觀音等。三是畫家自創風格，任意寫畫，其中也有符合相好莊嚴量度精確的，如：水月觀音、寶相觀音等。也有不顧菩薩像應有的法度，憑己胸臆任意勾畫的所謂藝術像，如：白衣觀音、魚藍觀音、送子觀音等。此類像最爲復雜，難可勝舉。

正規菩薩的畫法，也與佛像一樣，要注意到相好、服飾、手印、量度等，要做到有根有據，不能亂畫。一般來説，佛的像要端正温肅、正面像。菩薩像要柔麗、慈祥，高貴典雅，不落俗氣。佛的服飾單純樸實，披服袈裟，偏袒右肩，顯露心胸，菩薩的服飾要華美莊嚴，首戴天冠，身披瓔珞，手貫環釧，衣曳飄帶。各個菩薩也有一定的手印姿勢。觀音菩薩手持蓮花，或柳枝花瓶，天冠中有一化佛。彌勒菩薩手持寶塔，文殊菩薩手持經篋或經卷，地藏菩薩手持摩尼珠或錫杖等。菩薩像的量度，大至與佛相仿，所不同的是頂無肉髻，胯無胯骨，髮際、頸喉、膝骨、足趺各減四分之一。以上六處共減十二分，如佛身量爲一百二十分，菩薩身量便是一百零八分。寬量是由心窩平量至兩腋是十分（較佛減二分），由此下垂十八分至肘部（較佛減二分），再下十四分（較佛減二分）至腕，由腹至中指尖是十二分，共爲五十四分，左右合爲一百零八分。

目 录

圖版

一、十一面觀音

十一面觀音，別名大光明普照觀音，爲密宗六觀音之一，梵名爲曀迦娜舍目佉，譯作十一面，密號爲慈愍金剛，頭上的十一面中，左右十面係表示因位的十地。最頂一面，表示十一地佛果，以便使一切衆生轉無明爲十一品得十一地佛果，此尊形象即依其所成就的圓滿功德，把它具體化而成的。

此尊位於胎藏界曼荼羅蘇悉地院北端。其十一面觀音的手臂有種種不同配置，有二臂、四臂、八臂等不同。其頭面亦有不同。據《十一面觀音經》載："前三面作菩薩面，左三面作嗔面，右三面似菩薩面，白牙上出，後一面作大笑面，頂上一面作佛面，面部悉向前，着後光，各面均戴華冠，各華冠中有阿彌陀佛。"

又據《十一面觀自在菩薩心密言念誦儀軌經》卷上載：以堅好無隙的白檀香雕觀自在身，長一尺三寸，作十一面，四臂。右邊第一手是施無畏，第二手是執念珠；左邊第一手持蓮花，第二手執軍持。其十一面前三面作寂靜相，右三面利牙出現相，左三面作笑怒相，最上一面作如來相，頭冠中各個有化佛。

二、四臂觀音

四臂觀音是密藏大悲觀音的主尊，代表大悲、大智、大力，是密乘行者必修的法門，與文殊菩薩、金剛手菩薩合稱"三族性尊"，居雪域怙主地位，是藏密和藏地的首位依怙尊。

四臂觀音像一面四臂，身白如月，頭戴五佛冠，黑髮結髻。中央二手合掌於胸前，捧有摩尼寶珠，右下手持水晶珠，左下手拈八瓣蓮花，與耳際齊。面貌寂靜含笑，以菩薩慧眼凝視衆生，凡被觀者都能盡得解脫。其身着五色綢緞衣裙，腰係寶彩帶，全身花鬘莊嚴，雙跏趺坐於蓮花月輪上。

四臂觀音的一首代表法界一味，四臂表示發心四願，身白色表自性清净無垢，不爲煩惱、所知二障所障。

在時輪院和歡喜金剛院中，其形象有四頭，爲藍、白、紅、灰色，有四臂二腿，身體爲藍色，兩脚踏臥之男體像。另一種是坐像，慈祥和藹，前兩臂之手作開敷蓮花合掌，後二臂右手持念珠，左手持優鉢曇華。爲藏傳佛教本尊之一。

三、千手千眼觀音

六觀音之一。密宗稱"千手千眼觀音"，天台宗稱"大悲觀音"。又名"千眼千臂觀世音"，簡稱"千手觀音"或"千手"。千手意喻菩薩法力深廣，無所不能；千眼意喻菩薩觀照一切，無所不察。據《千手千眼觀世音菩薩廣大無礙大悲心陀羅尼經》記載：觀世音過去是千光王靜住如來弟子，如來爲他講《大悲心陀羅尼》。并對他説："汝當持此心咒，普爲當來惡世一切衆生作大利樂。"弟子發誓道："若我當來堪能利益安樂一切衆生者，令我身千手千眼具足。"一發此願，頓時長出千手千眼，而且十方所有佛都放光照觸其身，從此他便成千手千眼觀世音菩薩。觀音具有千手千眼，表示能圓滿無礙普渡一切衆生。若有衆生供奉此尊菩薩，誦持該菩薩所傳的大悲神咒，那么此菩薩將以千手護持，千眼照見，并能息災避禍，降伏邪魔。唐代以後，密宗興起，千手觀音聖相在中國、日本許多寺院中逐漸作爲主像供奉。千手觀音法相有繁簡兩種形式，繁式實有千手：法身八手，二手合掌，餘各持法器；報身四十手，二手合掌，餘各持法器；化身九百五十二手，分五層或十層作孔雀開屏狀後插。以上合千手之數，手中各有一眼，是爲千眼。簡式爲：常具兩眼兩手外，左右各具二十手，手中各有一眼，共四十眼。此四十各各入於二十五有，恰合一千之數。菩薩頂戴寶冠，冠下垂紺髮，頂上有三面、四面、十一面、二十七面等多種，冠中有阿彌陀佛像，其像多爲立姿。千手觀音在民間是大衆最爲熟悉、最爲崇拜的觀音聖相之一。

據《千觀眼秘密記》載："此尊爲救度衆生，故具千手千眼。"現以四十手來説明千手千眼觀世音菩薩的功德。四十手分爲五部分：即一、如來部；二、金剛部；三、寶部；四、蓮花部；五、事業部。每部中各配有八手，五部中各有一法。即①息災法：如來部用化佛手、羂索手、施無畏手、白佛手、榜排手、戟稍手、楊柳手八種。②調伏法：金剛部用跋折羅手、金剛杵手、寶劍手、寶殿手、金輪手、寶鉢手、日摩尼手八種。③增益法：摩尼部用如意珠手、寶弓手、寶經手、白蓮手、青蓮手、寶鐸手、紫蓮手、蒲桃手、八種。④敬愛法：蓮花部用蓮花合掌手、寶鏡手、寶印手、玉環手、胡瓶手、軍持手、紅蓮手、錫杖手等八種。⑤鈎召法：羯摩部用鐵鈎手、頂上化佛手、數珠手、法螺手、寶劍手、寶篋手、髑髏、五色雲手等八種。

以上五法共四十手，所隨所欲，使一切所求都能如願以償。

一三、南無千手千眼觀自在菩薩摩訶薩

月 日

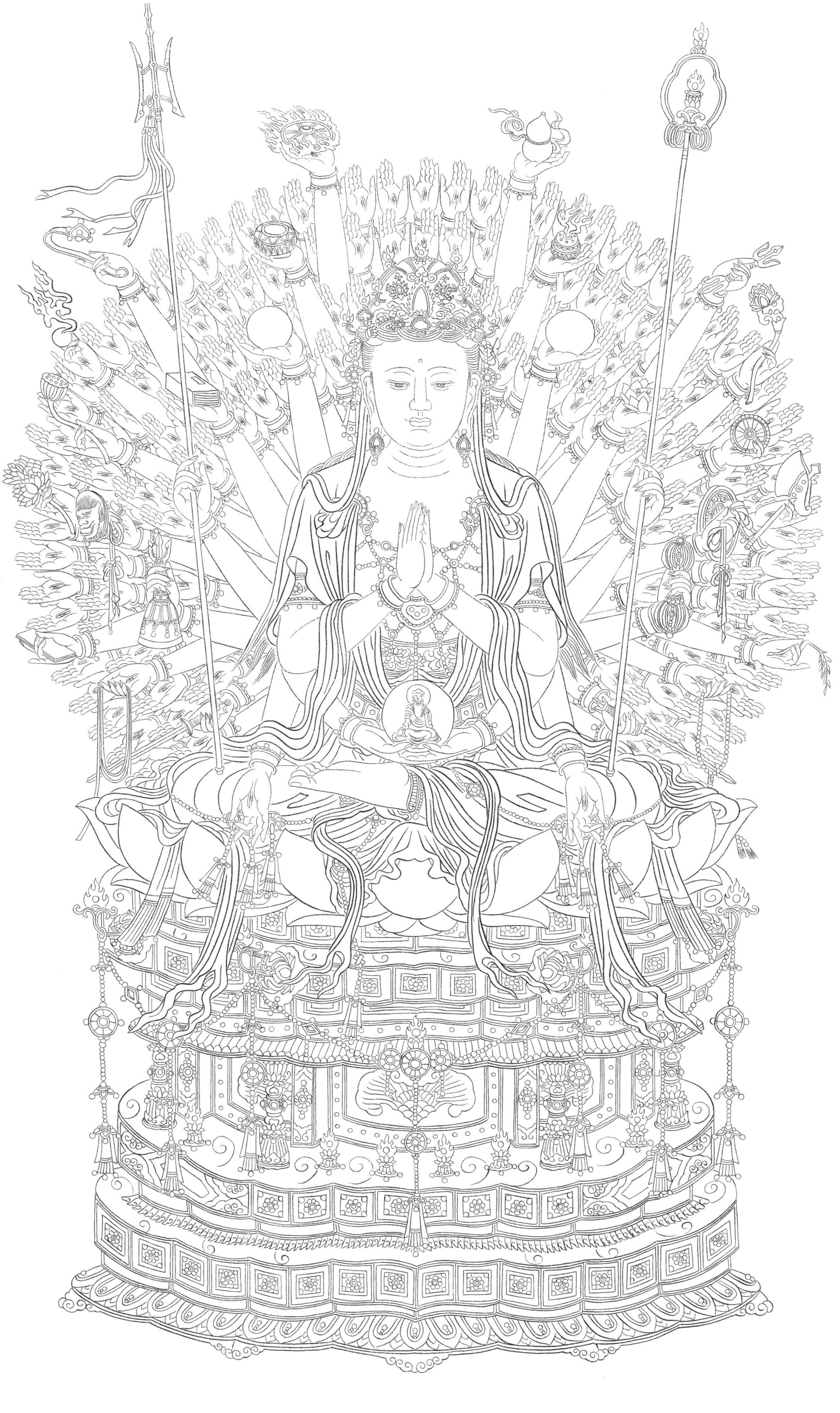

二三、千手千眼觀音之九

四、准提觀音

准提觀音，又稱七俱胝佛母菩薩、准提佛母、天人丈夫觀音等。准提是清净的意思，表示此觀音的心之清净、皎潔；她是蓮花部諸尊之母，故加佛母二字。俱胝當百千萬億講，七俱胝佛母，就是七百億諸佛菩薩之母的意思。此觀音常來世間交往，摧毀一切衆生之惑業，成就延命、除灾、求子諸願。

在胎藏界曼荼羅内，爲遍知院的一尊，密號爲最勝金剛，她的形象很多，常見的是三目十八臂像。

在十八臂中，各臂或結印，或持劍、持數珠、持金剛杵等物。據《七俱胝佛母所說准提陀羅尼經》記載，准提佛母身呈黄白色，結跏趺坐於蓮花上，身佩圓光，着輕縠衣，上下皆爲白色，有天衣、瓔珞、頭冠等莊嚴，十八臂皆着螺釧，面有三目。上二手作說法像，右二手作施無畏，第三手執劍，第四手持寶鬘，第五手掌上置俱緣果，第六手持鉞斧，第七手執鈎，第八手執金剛杵，第九手持念珠。左第二手執如意寶幢，第三手持開敷紅蓮花，第四手執軍持，第五手持羂索，第六手持輪，第七手執商佉，第八手持寶瓶，第九手掌上置般若梵篋。

以此尊爲本尊之修法，稱爲准提法、准提獨部法，能爲除灾、祈求聰明、治病等所修的法門。

五、白衣觀音

白衣觀音，梵名 "Pandaravasini" 三十三觀音中的第六尊。意譯爲白處、白住處。又稱爲白處尊菩薩、大白衣觀音、服白衣觀音、白衣觀自在母等。

在《大日經疏》卷五中記載："此尊常在白蓮花中，故以爲名。"又説，"白者即菩提之心，即是白住處也。此菩提心從佛境界生，常住此能生諸佛也。此是觀音母，即蓮花部主也。"

此尊位在密教胎藏界曼荼羅蓮華部院西北隅。密號爲離垢金剛、普化金剛。三昧耶形爲手持白蓮花或優鉢曇花。《大日經·密印品》記載，其印契爲兩手虛心合掌，二無名指屈於掌中，二拇指并屈觸着二無名指。此即表此尊爲蓮花部之部母，能生蓮花部諸尊。

據《觀世音現身種種願除一切陀羅尼》中説，供奉此尊觀音，應用白淨細布畫觀世音像，觀音身穿白色天衣，坐蓮花上，一手持蓮，一手持淨瓶。據説誦念《白衣觀音經咒》後，白衣觀音就可出現，見到的人，心不生畏怖，而且能"隨其所欲，求願悉得"。白衣觀音聖像的特征是：身着白衣，處白蓮花中，均爲二臂，手持法器或手印契各不相同。有的左手持蓮，右手作與願印；有的左手持棒或羂索，右手持般若經篋；有的左手持開敷蓮花，右手揚掌；有的左手持寶劍，右手持楊柳；也有雙手捧鉢，站立於蓮臺上。《白衣大士神咒》是最著名的觀音經咒之一，常念誦，可助攝心，誦此真言後，轉念消業，凡事化爲吉祥。

五〇、敦煌元代白衣雙觀音

六、數珠觀音

數珠觀音，亦名多寶觀音。據説古時，江南一帶民風刁薄。世人不知禮儀，只重財利，貪心十足，爾虞我詐，奸淫盜殺，無所不爲。觀音菩薩痛心世風不古，便決定來江南進行點化。

她化作一個肥頭大耳的和尚，身上帶着及手拿大量金珠寶物，招搖過市，分外引人注目。他這樣出現在市鎮上，立時引來一幫地痞無賴，擋住和尚去路，并不懷好意地説："你是哪來的妖僧，大膽到我地招搖撞騙。你一個出家人怎么會有這么多金銀珠寶？莫非是搶劫來的？快快獻出，放你過去，要是不然，休想活命！"觀音菩薩則説："我哪有什么寶物，也不知世間什么才叫寶物，只有學善修心，才是真正寶物。"這幫無賴哪能聽進去這些，紛紛叫喊："你這刁和尚，胡説什么，你身上那些金珠玉翠就是寶物，不要耍賴，快快交出來。"觀音菩薩説："你們要這些東西嗎？我看這些都是糞土，貧僧正嫌他纍贅，你們看好什么就隨便拿。"説完就把那些金銀珠寶放在地上，那幫無賴一哄而上，搶了個净光，只留下一串婆羅子數珠，大家都不要，丢在地上。胖和尚拾起被丢的數珠，感嘆説："可嘆世人真假不分，没用的東西全拿走，一串修心養性的寶珠竟没人要，可見此地人没善根。"那幫無賴將搶去的珠寶拿到集市出賣時，都成了飛塵，隨風飄失。

這是觀音示現的一個故事，後人把這個典故又根據四川大足石窟的雕像而改繪成這幅觀音。

七、送子觀音

送子觀音是據《法華經·普門品》所載"若有女人設或求男，禮拜供養觀世音菩薩，便生福德智慧之男。設欲求女，便生端正有相之女"而由畫家創作的畫像。

據清代趙翼在《陔餘叢考》載："許洄妻孫氏臨產，危苦萬狀，默禱觀世音菩薩，恍惚見一白氅婦抱一金色木龍與之，遂生男。"又有金陵有一叫潘和的商人，篤信佛教，樂善好施，而年過半百，膝下却仍然只有一個女兒。一天，潘和忽然做了一個夢，夢見一白衣女子要他到江口將一四面十八臂的多寶觀音打撈上岸送到清凉山鷄鳴寺，潘和滿口答應："一切遵命"。只是説："我年近花甲，膝下無子，求菩薩賜我一子。"只見那白衣女子從懷中取出一顆白棋子，交給潘和。潘和大喜，剛想再問，竟是一夢。次日上午，潘和趕到江口，果見對岸飄來一尊木雕刻成的蓮座，上有觀音法像，但略有損傷，不能直立，只好側臥在蓮葉上，於是人們便稱爲臥蓮觀音。

從此以後，潘和之妻果然懷孕，不久便生了一個白净可愛的兒子。潘和萬分高興，就請名畫家將夢中所見的白衣女子畫出，懷中加了一個小孩，世人皆稱"送子觀音"。一般的造像多是觀音懷中抱着健康活潑的小孩，或周身圍着許多有趣的孩子，代表送子的職務，送子觀音像身披斗篷，是民間最常用的形象。

八、聖觀音

六觀音之一。密宗稱聖觀音、天台宗稱大慈觀音、亦稱正觀音、聖觀自在。此尊法相爲觀世音菩薩本身相，是觀音各種法相的總體代表，也可以說是觀音菩薩的正體標准像。聖觀音無千手千眼、馬頭、十一面、十八臂等異相。聖觀音是六觀音、七觀音的總體或正體，民間平常所說是的觀世音菩薩，其實指的就是聖觀音和正觀音。觀音菩薩其他應化身，都是從正觀音形象演變的。佛教廟宇中以觀音爲主的"大士殿""圓通殿"多供奉此像。聖觀音的形象爲一手兩臂的菩薩相，通常頭戴天冠，冠中有阿彌陀佛像，結跏趺坐於蓮花座上；身上有瓔珞、項釧等裝飾。法相表情端莊、慈祥、悲憫。其手姿印相、持物，則有以下幾種不同：一、左手屈肘舉胸前，拇指尖頂在食指尖成環狀，其餘三指直豎，作施大悲無畏印，右手托净瓶。二、左手持蓮花，右手結大悲施無畏印。三、雙手放在胸前，腿上結法界定印或者彌陀定印。四、雙手作說法印，聖像兩旁有善財和龍女脅侍。民間供奉的聖觀音法相大多爲女相，身着白色天衣，其面相頗類似中國古代仕女的造型。四川安岳石窟有一尊明代聖觀音造像，法相美麗而莊嚴，堪稱歷代民間聖觀音造像之代表。

九、普門觀音

普門又作無量門，意指普及於一切門。天台宗認爲《法華經》所説的中道，實相之理，即遍通於一切，無所壅塞，所以諸佛菩薩乘此理，能開無量之門，示現種種身，以拔衆生苦，成就菩提。又以此爲根據而有十普門之説，即：慈悲普、弘誓普、修行普、斷惑普、入法門普、神通普、方便普、説法普、成就衆生普、供養諸佛普等十普門。依此順序可完成自行化他之德。

普門觀音：是以《觀世音菩薩普門品》爲依據所繪觀音。觀音普門品是《法華經》的一品，亦稱《觀音經》《普門品經》等，收於大正藏第九册。爲《法華經》卷七《觀世音菩薩普門品》之別行。内容宣説觀世音普門之妙用。有長行與偈頌所成，唯偈頌在漢譯諸本中之存廢頗有出入。漢譯本共有三種：一爲竺法護所譯之《正法華經》第二十三《觀世音菩薩普門品》，二爲鳩摩羅什譯《妙法蓮華經》第二十五《觀世音菩薩普門品》，三爲隋代闍那崛多、達摩笈多共譯之添品《法華經》第二十四《觀世音菩薩普門品》。其中《正法華經》全缺偈頌，《妙法蓮華經》在羅什譯之初亦無偈，至隋代闍那崛多時始作增補，故與添品《法華經》之偈頌完全相同。

十、水月觀音

水月觀音，三十三觀音之一。此尊形象亦有多種形式，但多與水、月有關，所以稱水月觀音。水月中，喻諸法無實體。

水月觀音，又稱水吉祥觀音，或水吉祥菩薩。這是觀世音一心觀水相的應化身，其形象有多種，有的是站立在蓮瓣上，蓮瓣則飄浮在海面上，觀世音正在觀看水中之月；另一種是以蓮花坐姿，趺坐在大海中的石山上，左手持未敷蓮花，右手施無畏印，且掌中有水流出。

這裏所編繪的水月觀音是根據北京法海寺明代壁畫所繪，此尊身披白紗衣，滿身珠寶精工細描，雍容華貴的觀音是歷代壁畫和繪畫當中的極上乘作品。還有其他多種水月觀音，這裏只選編兩種。

此尊所以命名爲水月觀音的緣由，也有不同的說法，有說是因爲其形象作觀看水中之月的相狀，所以名爲水月觀音；也有說是由於其形象浮在海上，猶如水中之月，因此而名。

中國最古老的水月觀音，應是在敦煌千佛洞發現的，屬唐代中期作品，此畫被法國盧浮宮美術館收藏。

據《法華玄義·卷二》載："水不上昇，月不下降，一月一時，普現衆水。"由於水月觀音富有極深的真理，所以歷來爲文人畫士樂於描繪。

十一、如意輪觀音

"如意輪"觀音爲六觀音之一，全稱如意輪觀世音菩薩，又作如意菩薩、如意輪王菩薩。此菩薩持如意寶珠及法輪，以廣濟一切眾生之苦，成就眾生之願望。如意寶珠，指世間之珍寶，及出世間寶相之寶，此二寶能令眾生生出福德。法輪，即轉法輪之意，能令眾生出智德。此菩薩安置於密教胎藏界曼荼羅觀音院中，密號爲持寶金剛，三昧耶形爲如意寶珠。其形象有二臂、四臂、六臂、八臂、十臂、十二臂等不同。其中，具有二臂之如意輪觀音像，爲密教以前佛像，與六臂如意輪觀音爲世人所供奉。

自古以來，即將此菩薩之六臂配於六觀音及六道，即：右方第一思維手配於聖觀音，地獄道；第二如意寶珠手配千手觀音，餓鬼道；第三念珠手配於馬頭觀音，畜生道；左手第一光明山手配於十一面觀音，阿修羅道；第二蓮花手配准提觀音，人道；第三金剛輪手配於如意輪觀音，天道。上述乃表示此菩薩之六臂，能救度六道眾生，拔苦與樂。此外，於諸經論中，尚有多種如意輪觀音之描述。此尊是根據敦煌千佛洞留有的六臂如意輪觀音之畫像而繪。

八六、如意輪觀音之二

十二、坐蓮觀音

以蓮花形象組成的臺座稱爲蓮花座，蓮花是佛教的象征，表清凈、高潔的蓮花出污泥而不染，故佛陀和菩薩多安置在蓮花座上。

蓮花座的種類也較多，常見的蓮花座分爲三部：上部爲"蓮花部"，由蓮肉、蓮瓣組成，猶如一朵向上開放的蓮花；中部爲"座身部"，由敷茄子、清花（即象征浮在水面上的荷葉）組成，猶如一個托起蓮花的花盤；下部爲"座基部"，一般爲三層，也有二層、一層的。

此尊左手托凈瓶，右手持楊柳枝，背有火焰。端坐於蓮座上的聖觀音，顯得非常莊嚴、聖潔。

九四、九品蓮花觀自在

十三、合掌觀音

三十三觀音之一。合掌即合十，左右合掌，十指并攏，置於胸前，表示忠心之敬意。原爲古印度婆羅門教的一般禮節，佛家沿用之。《法華經·比喻品》載："即從座起，整衣服，偏袒右肩，右膝著地，一心合掌，曲躬恭敬，瞻仰尊顏。"合掌以示虔誠。合掌觀音法相有多種：一、合掌當胸，立於蓮花或蓮花座上，此爲立像；二、合掌置於胸前，結跏趺坐與蓮花座上，此爲坐像，亦有合掌當胸坐於蓮葉上的。《法華經·普門品》中載："應以婆羅門身得度者，即現婆羅門身而爲説法。"據此，合掌觀音成了三十二應化身的婆羅門身。婆羅門，古印度四種姓中最高等級。據傳，四種性皆是人種那羅延天（梵天）所生，婆羅門生於口，刹帝利生於臂，吠舍生於股，吠陀生於足，故婆羅門最高貴。四種姓的不平等階級製度，是很明顯而嚴格的。觀音菩薩大慈大悲，示現婆羅門身而爲説法，説什麼法？説平等之法，以明人類生而平等的，没有誰勝誰不如的差别，任何人不可自高自大，以爲自己是天之驕子。觀音菩薩示現婆羅門一樣的身份，以身作則的到處表現平等的精神，以感化自以爲是的婆羅門一樣高貴的人們，打破森嚴的種姓製度，信受人類以及衆生一律平等的真理，本此平等的真理去行，逐漸達到究竟的解脱。

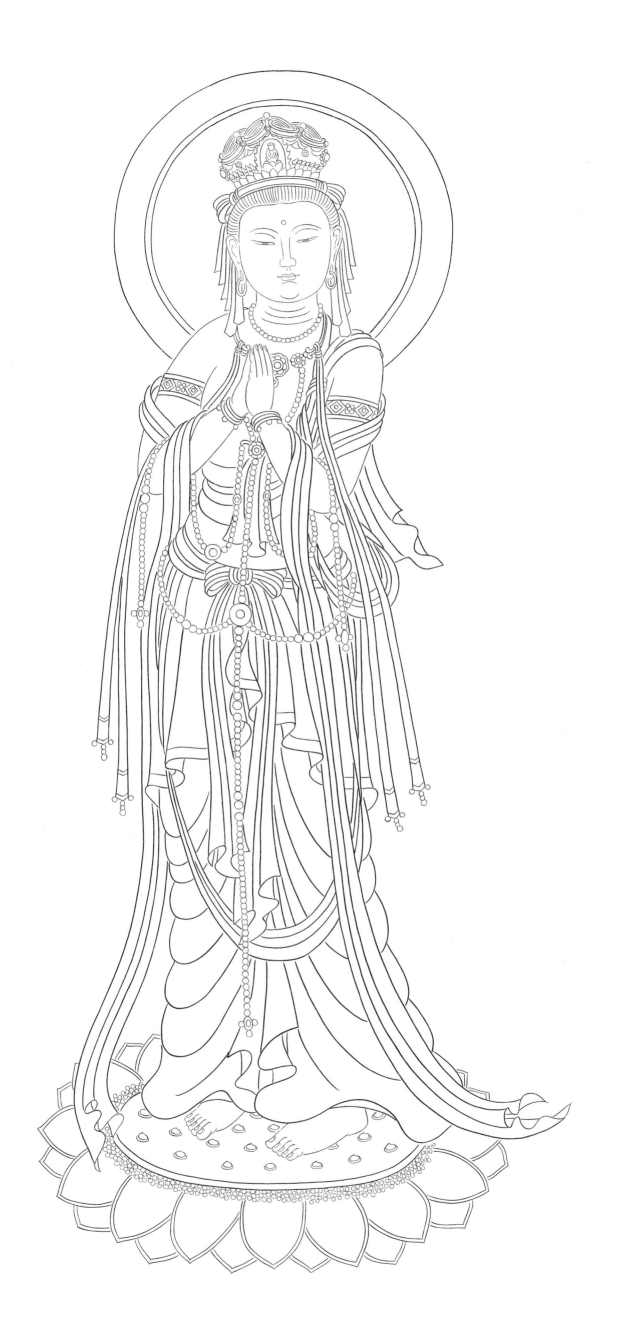

十四、鰲魚觀音

　　這尊觀音是根據民間傳説繪製。據説南粤大海中有一只千年孽鰲在海邊噬人作惡，此怪獸體長一丈六尺左右，形態極爲恐怖，通體褐色，略現金色光彩，頭頸像龜，尾巴却像大魚，因爲它長着四只脚，趾間厚皮相連，可以劃水。這個怪獸不僅能在水中游泳，而且能上岸行走，憑着它鋒利的牙齒和堅厚的甲殼，什么都不怕，它吃豬馬牛羊，尤其喜歡吃人。由於這個凶猛怪獸時常出没，粤海兩岸的百姓紛紛逃離家園，遷居内地。

　　這天，觀音來到粤海之濱，聽聞此事後，即在各處找到十萬八千根蠶絲，結成羂索；又取寶瓶中的楊柳枝削成九個倒刺鈎，再用海底沙土捏成一個人形，將倒刺鈎埋在泥人腹内，准備好後，專等怪獸出現。有一天金鰲在海底魚蝦吃得膩煩，便浮出水面看到岸邊有人，便張開大口吞下泥人，可那泥人一進肚中，即刻融化開了，索上九個倒刺鈎露了出來，觀音將手中羂索一拉，那金鰲痛得在沙灘上直打滾。從此觀音便征服了金鰲，并收納了它。此鰲魚觀音便因此典故而改繪。

十五、慈航普渡觀音

慈航普渡觀音又名過海觀音、渡海觀音、慈航觀音。在漢地佛教供奉的觀世音菩薩像之中，此尊觀音法相是最常見的一種。《千光眼經》記載：觀世音菩薩早在釋迦牟尼佛之前就已經成佛了。那么，觀世音菩薩爲什么又來做菩薩呢？這就是自古傳說的菩薩倒駕慈航。在《悲華經》中是這樣記載的：觀音菩薩在寶藏如來面前發誓說："願我行菩薩道時，若有衆生受諸苦惱恐怖等事，退失正法，墮大暗處，憂愁孤窮，無有救護，無衣無舍，若能念我名號，若爲我天耳所聞，天眼所見，是衆生等若不得免斯苦惱者，我終不成阿耨多羅三藐三菩提。"民間供奉的慈航普渡觀音多爲漢化之女相，其特征是：菩薩立於大海中蓮花或蓮瓣之上，雙手交叉置於腹前，白衣裹身，瓔珞爲飾。苦海無邊，觀音仿佛乘上普渡之舟，正以大慈悲之心，遠航去救苦、救難、救世。

一二三、觀音渡海之二

十六、阿耨觀音

三十三觀音之一。因巨海與龍魚和阿耨達池有因緣，故名阿耨。《法華經·普門品》中云："或漂流巨海，龍魚諸鬼難，念彼觀音力，波浪不能没。"佛經中湖海不分，故稱此觀音爲阿耨。據此，阿耨觀音成了普門品中的"救湖水難之身"。巨海，亦可指無邊生死大海；龍魚諸鬼，亦可指衆生内心煩惱。煩惱在衆生心中興風作浪，致使衆生永遠漂流在生死海中，不能達到涅槃彼岸。如衆生能稱念"觀音菩薩"的聖號，那就可仰仗觀音菩薩威神之力，令諸波浪不敢將你没於海底。阿耨觀音法相特征是：觀音左手拿蓮花，右手似拿龍珠狀，盤坐在似龍魚的背上，下邊是海水。《法苑珠林》載有觀音顯靈救水難的事跡：晋代徐榮，山東琅琊人。航船誤入漩渦之中，眼看就要被漩水吞没，徐榮惶然無他法，只有至心稱念觀音菩薩名號。不一會兒，如同有幾十人在齊力牽引似的，航船竟慢慢出了漩渦，順江漂流下去。此時，太陽已落，天昏地暗，風狂雨急，誰也不知道漂在何地，巨浪洶涌，幾次差點打翻航船。徐榮又至心念誦觀音菩薩名號不停。忽見遠山上燃起火光，烈焰熊熊，江心照得通明，船向火光駛去，平安地到達岸邊。到岸後，火光熄滅，徐榮這才知道觀音菩薩在暗中保佑他。

十七、魚籃觀音

魚籃觀音乃中國民間流傳的三十三觀音之一，一手持念珠，一手提盛魚的竹籃，神態瀟灑威嚴。民間對魚籃觀音有許多傳説，并把觀音提魚籃看作是這尊菩薩法力無邊的象征。

據《法華持驗記》《觀世音菩薩感應傳》中記載：唐元和十二年，陝西東部的人還没有信奉佛教。有位年輕貌美的女子來到此地，求婚者很多，美女説："欲娶親者，如一夜能背誦《普門品》即嫁之。"到了黎明，有二十人通過了背誦。美女又説："我一人豈能嫁給這么多人，若有一夜能背誦《金剛經》者即嫁之。"到了天亮能背誦者有十餘人。美女再要求他們在兩天内背誦整部《法華經》，最後只有具有驚人記憶的馬郎全背出來了。於是美女如約嫁給了馬郎。迎娶之日，賀喜賓客尚未散去，賣魚女突然去世，馬郎將她葬於金沙灘。數日後，一位身穿紫袍的老僧來到此地，問賣魚女下落。於是馬郎帶老僧到安葬處，老僧開墳驗屍，女子屍體已經完全腐爛，只剩下一條金鏈子串起來的骨頭。和尚告訴圍觀的民衆説，這女子是聖人示現，她來此地的目的是爲了解救他們脱離惡業輪回。説完，和尚用水將屍體洗净，係在杖上騰空而去。從此，這裏的人們開始信仰佛教。而金鏈子串起來的骨頭就是聖人的標記，因此，人們稱爲"鎖骨菩薩"。雖然故事中没有出現觀音，也没有提到魚籃，但是故事被人們所傳頌。到了《魚籃寶卷》，魚籃觀音形象才更加清晰。

在宋代江蘇沿海地區，金沙灘的村莊以打獵、捕魚、屠宰爲生，這裏的人非常凶惡，搶劫、殺人，做盡種種壞事，惹怒了玉皇大帝，他命令東海龍王用海水淹没整個村莊，要村民下到地獄去，永不得超生。

觀音當時是南海教主，知道後起憐憫心，請求玉皇大帝延後幾個月處罰他們，并自願下凡到金沙灘去度化他們。觀音化爲一個絶世美女提着魚籃，來到金沙灘賣魚，村中有一姓馬的惡霸，非常富有，想要娶得這位漂亮的姑娘。馬郎假意與賣魚女接觸，打探她的身世。賣魚女告訴他至今未婚的原因是，發願要嫁給一位能背誦《法華經》，并且吃素行道的人。聽到賣魚女的話，馬郎很有興趣，便問道："哪裏能找到這部經，這經爲什么那么重要？"賣魚女回答："這部經是無價之寶，有了它，便可得人天喜樂，遠離地獄之苦。"至於哪裏可以找到這部經，賣魚女指向她的魚籃。原來她把《法華經》藏在魚籃子裏。

村中的男子知道了這事，決定和馬郎一樣，努力背誦經典，學習佛法，來爭取與美麗的賣魚女結婚。一個月過去了，他們還在學習背誦經典，但救度金沙灘的計劃必須趕快進行，因此她選擇品行最壞的馬郎，來履行承諾。他朝馬郎吹一口氣，馬郎頓時神清氣爽，毫無猶豫地背誦出全本《法華經》。馬郎雀屏中選，非常高興地准備婚禮。没想到賣魚女在婚禮當天突然生病。此時，賣魚女向馬郎吐露自己真實的身份是觀音，她告訴馬郎："我違背了玉皇大帝的要淹没金沙灘的旨意，所以必須待在凡間三年。"臨死前，她告訴村人要繼續持誦這部經典，并繼續吃素、行善，之後便死了。

一一九、魚藍觀音之三

十八、竹林觀音（紫竹觀音）

竹林觀音又稱紫竹觀音、竹林大士等，因紫竹林乃是觀世音菩薩居住之地，故名紫竹觀音。民間所見的觀音像，多數與蓮花相聯，除此之外，就是竹林了。竹林與菩薩有緣，據說觀音菩薩到達南海普陀洛伽山，發現紫竹林中千般瑞靄，正中有一蓮臺寶座，霞光萬道，遂登上蓮臺，端身趺坐，觀世自在。自此，紫竹林成了觀世音菩薩住所的代名詞。以紫竹林爲背景之觀音，則稱爲竹林觀音或竹林大士。竹在中華民族被視爲平安吉祥的象徵，比如竹報平安、竹梅雙喜。竹，青翠挺拔、奇姿出衆。每當寒露突降，百草枯零時，竹却能臨霜而不凋，可謂四時長茂。竹竿節節挺拔，有拔節發葉，蓬勃向上之姿，故而，深受華夏歷代文人墨客稱頌。也正因如此，竹林觀音成了中國歷代文人畫家經常描繪的對象。民間常見的紫竹觀音，大多把觀音塑造於岩石上坐着，後方是竹林，畫家則多以紫色畫竹。紫竹觀音法相有如下幾種：一、結跏趺坐於竹林中蓮臺上，左手持寶瓶，右手作與願印或雙手結禪定印。二、半跏趺坐於紫竹林中蓮臺之上，多作輪王坐式，或作遊戲式坐，頭戴寶冠，冠中有阿彌陀佛，右手放於右膝之上，左手扶岩，或手持念珠。三、合掌立於蓮臺之上，背後爲繁茂的竹林。此尊觀音聖像在民間深受崇拜，尤其在文人中更受歡迎。

一二二、紫竹林中觀自在之一

十九、自在觀音

自在觀音又稱“觀自在菩薩”。唐高僧玄奘法師在譯《般若波羅蜜多心經》時，將觀世音菩薩首次改譯成“觀自在菩薩”。意爲遍觀任何時空，萬事萬物與一切現象之根源，而且能夠顯現真正之精神所在。“觀自在”是普察人間的善惡，觀機往救，自在無閡，以無我之心救苦救難之意。“自在”是主宰之意，“觀自在”就是“被見者之主”或“衆生所見之主”。正如聖嚴法師所說：“梵文‘阿傳盧枳帝濕代羅’的原義，含有‘觀照縱任’或‘君主’的意思，也就是觀造萬法而任運自在的意思。”自在觀音法相有二：一、取立姿，頭戴華美蓮冠，冠上化佛作立相，身著納衣裳裙，疊手露釧，手姿仰覆變化美妙，赤足浮於雲端，雙目垂視，仿佛在觀察人間苦難，聞聲而動。其法相代表作品爲吳道子《觀自在菩薩》石刻綫畫。二、取坐姿，頭戴寶冠，左手觸蓮花，右手拄右膝觸腮，自然坐在雲端的蓮花上。修大法，觀自在，逍遥自得。面容秀美可親，仿佛如自由自在的仕女。其法相代表作品爲河北正定隆興寺供奉的《自在觀音》，此尊觀音被譽爲“中國最美的觀音”。唐代自在觀音多爲男相，民間供奉的自在觀音則多爲女相。佛教寺院供奉的自在觀音，通常是一足盤膝，一足下垂，因形象顯得很自在，故稱爲“自在觀音”。然而，無論何種法相，均須體現此尊菩薩的精神特征：觀自在菩薩者，觀世界而自在，拔苦與樂。

鳩摩羅什法師意譯爲觀世音菩薩，玄奘法師新譯爲觀自在菩薩。“自在”是表示菩薩具備大智慧，能夠完全自在的洞察世界，達到事理無礙的境界。

據《無量壽經》記載：菩薩身長八十萬億那由他恒河沙由旬，身上皮膚是紫金色，頂上有肉髻，頭上有毗楞伽摩尼寶製成的天冠，特別是天冠中有一尊立佛，高有二十五由旬，眉間白毫相具足七寶顏色，演流出八萬四千種光明；每一光明中亦有無數化佛，化菩薩，頂有圓光，光中有五百化佛；每一化佛又各有五百化菩薩，無量諸天作爲其侍者，全身光明中，示現有五道衆生中一切色相，其變現自在，能遍十方世界。

菩薩有十種自在：1.延壽命；2.心自在，生死置之度外；3.財自在，能知足常樂；4.業自在，多做善事；5.生自在，隨心所欲；6.勝解自在，世事無常，唯忍而已；7.順自在，觀所樂而成，由精進所得；8.神力自在，由定所得；9.智自在，隨語音而慧；10.法自在，而於契經，由慧所得，因名觀自在。

152

一三三、普陀岩中觀自在之四

一三七、聖觀自在菩薩之一

二十、楊柳枝觀音

觀音菩薩最常見的持物是楊柳枝和凈水瓶，表示以慈悲心遍灑甘露法水，令眾生消灾免難。佛典中還有一種祈請觀世音菩薩消除毒害的法事叫作"楊枝凈水法"。密宗認爲修"藥王觀音"密法可以祛除身上的病患。

楊柳枝：楊柳枝是古印度重要的日常生活用具。古印度人刷牙用的齒木，就取材於楊柳枝或類似的樹枝。齒木與香水是古印度人饋贈友人、表示自己誠意的禮品。這種習慣延伸到佛教界，也就成爲禮敬佛菩薩的供品。古印度的香水，其實是（於伽）加上香、花的凈水，而齒木又轉置楊枝，因此，中國佛教徒在供佛時，乃演化成"楊枝凈水"固定供物。

凈瓶和甘露：最早的凈瓶原型是印度人用金屬製成的澡罐，他表示用洗濯罪垢污穢來使心凈潔。在東方美術上把它變成甘露瓶，佛教認爲，觀音手持的凈瓶中有甘露，具八種功德：澄清、清冷、甘美、輕軟、潤澤、安和、除饑渴、長養諸根。凈水遍灑大千世界，洗凡塵、除眾垢、潤群生、滅除諸種煩惱。

三十三觀音除楊柳觀音外，德王觀音和灑水觀音也是手持楊柳。德王觀音相當於《法華經·觀世音菩薩普門品》之"應以梵王身得度者即現梵王身而爲說法"的觀音化身；梵王是色界之主，其德殊勝，所以稱爲德王；德王觀音像多爲趺坐岩上，左手置於臍前，右手持楊柳。灑水觀音相當於《法華經·普門品》中"若爲大水所漂，稱其名號，即得淺處"之觀音化身。其像爲左手持鉢，右手執楊柳。

二十一、圓光觀音

　　三十三觀音之一，因其形象身後發出熾盛的圓光火焰而得名。圓光觀音聖相有兩種：第一種是坐像，也是最常見的，觀音在佛光中現出色身，端坐在岩石上或安坐蓮花座上，有時亦有持念珠作各種手印的。第二種是立像，觀音立在蓮花座上，背有火焰圓光，菩薩在圓光中現出身形，左手作施無畏印，右手作與願印。圓光一詞見於《佛說無量壽經》，經中說："觀音菩薩身長八十億那由他恒河沙由旬，呈紫金色，頂有肉髻、項有圓光，圓光中有五百化佛。"圓光烈焰有如下二種含義：一、背後的烈焰輻射，象征臨危不懼，灾難自除。二、火焰圓光，大放光明，普照人間，象征把光明帶給苦難衆生，遍照十方世界。觀音之圓光猶如太陽的光輝，不但能照破一切黑暗，而且能伏灾風火。灾兼一切的困厄，惟風火是諸灾難中最大的灾難；風火大灾能伏，其餘的灾難，自更不成問題。衆生之所以有風火等的各種灾難，嚴格來說，不是外面加到衆生身上來的，而是衆生之貪執所招惹的。無明煩惱既已照破，無明皆已明，各種的灾難當然能化解。

一五六、圓光自在觀音

二十二、持經觀音

三十三觀音之一，又稱讀經觀音。因觀音手持經卷而得名。《法華經·普門品》中記載："應以聲聞身而得度者，觀音即現聲聞身而爲之説法。"據此，持經觀音成了觀音三十三應化身的聲聞身。聲聞，意爲聽聞佛陀言教的覺悟者，指只能遵照佛的説教修行，并唯以達到自身解脱爲目的的出家者。像這類根性衆生，必須聞佛説四聖諦法的言教音聲才能接受教化，開悟解脱。觀世音菩薩大慈大悲，也就隨順衆生的要求，適應衆生的根性，現聲聞身爲之説四聖諦法。持經觀音之聖像，一般爲立或坐於岩石上，手持經卷，坐姿則左手放在膝蓋上，這是聲聞身聽了如來佛法得道的形象，也是觀音手持經卷的原因。讀經觀音則坐或斜卧岩石上，手持經卷作讀誦狀，或手撫經卷作思維狀。唐朝末年，觀音菩薩顯化於浙江，吴越王錢鏐在天竺山觀音菩薩顯化讀經處，特地建造了"看經庵"，內塑觀音菩薩趺坐看經之像。座下的蓮臺，亦用菩薩曾坐過的白石雕成。此像，後人稱之爲持經觀音或看經觀音。近現代，持經觀音成了民間供奉較多的觀音法相之一。

二十三、岩户觀音

　　三十三觀音之一。因其端坐於岩窟之中而得名。又名岩洞觀音、岩石觀音。《法華經·普門品》中說:"蚖蛇及蝮蝎,氣毒烟火燃;念彼觀音力,尋聲自回去。"據此,岩户觀音成了普門品中能驅除蚖蛇蝮蝎蟲難之事。蚖是巨毒蛇,只要被其咬一口,絕對是没命的。蝮亦係毒蛇,被其咬一口,同樣斃命。因爲這些毒蟲盤踞在洞穴之中,經常出來危害人民,而此菩薩即是爲了保護衆生,故而在洞口上繪製此法相。岩户觀音法相特征是:坐於岩洞之中,打坐静思入神,或悠然欣賞水面。坐姿爲結跏趺坐,手印相爲禪定印,或作遊戲坐,手持念珠。杭州西湖飛來峰上青林洞内,有一尊元代"岩户觀音石雕像",其法相具代表性。岩洞中觀音高坐蓮臺,手持念珠,静思入神的神態刻畫得十分逼真。民間常可見到如下岩户觀音畫像:懸崖陡壁間一岩洞,藤蔓垂落,翠竹旁生,洞外鸚鵡翔空,觀音托鉢執柳,屈一膝,盤坐在菩提葉之草團上。懸崖下善財童子蹺足合掌立於石根,面朝洞中觀音菩薩仰拜。此尊觀音深受中國佛教徒喜愛,民間供奉較多。

二十四、大悲咒觀音

大悲咒,是觀世音菩薩的大悲慈心,無上菩提心,以及濟世度人,修道成佛的重要口訣。其中一字一句都包含着正等覺的真實功夫,沒有一絲一毫虛偽。本咒是觀世音菩薩《大悲心陀羅尼經》中的主要部分,共有八十四句。其詳名爲:《千手千眼觀世音菩薩廣大圓滿無礙大悲心陀羅尼》。此圖即是大悲神咒第一句"南無喝囉怛那哆囉夜耶",意爲皈依三寶。誦此咒能得十五種善生,不受十五種惡死。

一六九、大慈大悲觀音

二十五、象座觀音

民間常見的觀音法相之一。因其坐或站立象座之上，故名。又名浴象洗塵觀音等。佛教以大象譬作如來，菩薩以普賢菩薩坐騎象背爲標志，佛經中有"象養盲父母"的故事。《雜寶經·卷二》曰："昔迦尸國王與比提醯國王戰敗，更以象令戰，得一大白象於山中。象曰：山有盲父母，無養者。王感其至孝，使去。後象父母死，白象再來，於王前告戰爭之非。王聽言，遣象至比提醯國講和。"故大象於佛教中作爲不殺、不爭的祥和象征。南北朝、隋唐時代，未見有象座觀音；直到明清時代，才出現了象座觀音。明代大畫家丁雲鵬《慈容五十三現》中有象座觀音（十二現）。清代畫家改琦亦創作有《象座觀世音菩薩》。近現代則創作了浴象觀音、洗塵觀音。象座觀音法相有以下兩種：一、坐象座之上，一手持瓶灑水於象上，一手扶象，亦有一手持蓮花，一手扶象頭部。二、立六牙白象之上，象舒長鼻，鼻頭卷一莖白蓮，觀音菩薩雙足踏於蓮中央，右手持柳枝，左手持净瓶，净水瀉象頭上（喻浴象一新）。《因果經》載："釋迦佛出生時，菩薩觀降胎時至，即乘六牙白象發兜率宫，無量諸天作諸伎樂，燒衆妙香，散天妙花隨從菩薩。"六牙白象便成了佛降世，吉祥瑞之象征。象力大魁威，性靈柔順，又諧"祥"之音，因此中國傳統習俗亦將象代表吉祥。六牙象座觀音又稱吉祥觀音。

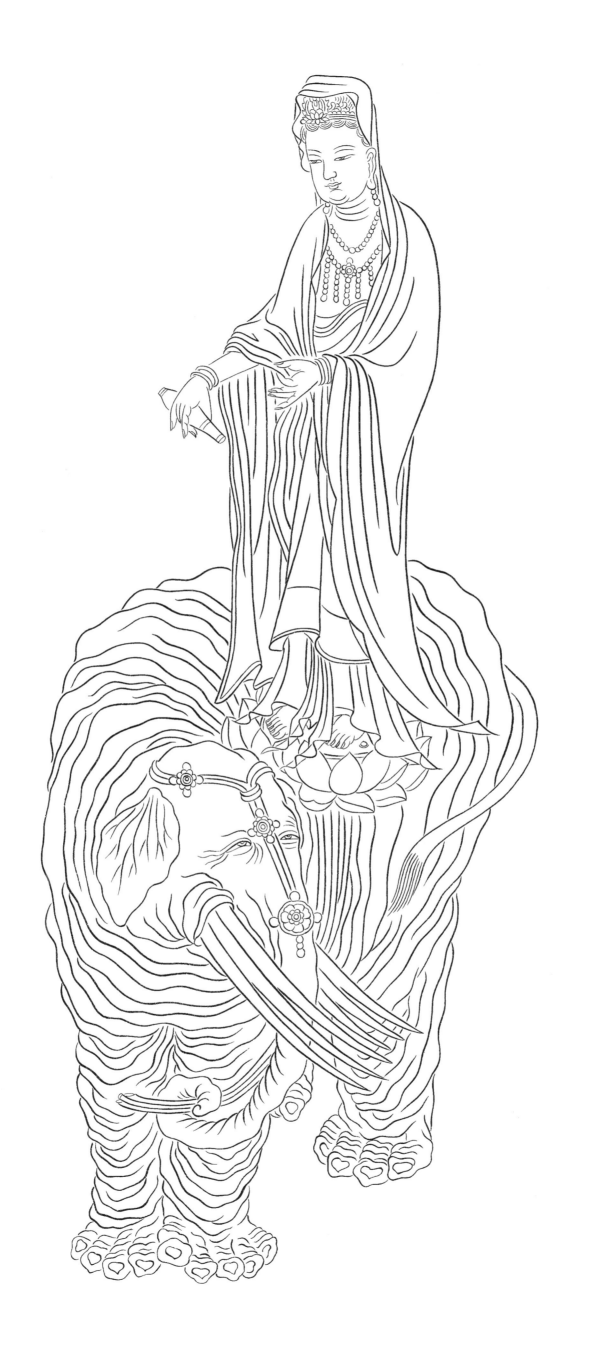

二十六、施無畏觀音

二十五觀音之一。因觀音菩薩施"十四無畏"而得名，又名施無畏觀音。觀音菩薩所修學的《大悲行解脫法門》的主要內容，在《法華經》和《楞嚴經》裏都有記載，兩經裏有兩大內容大致相同，一是："三十二應"，其二就是："十四無畏"。"十四無畏"是說衆生遇見十四種災難時，觀世音菩薩能給處於危難中的衆生以無畏的力量，使他們不畏恐懼。也就是說，觀世音菩薩有能力把衆生從十四種災難中拯救出來。這十四無畏是：一、百千萬億苦惱衆生，一心稱觀世音菩薩名，菩薩就尋聲救苦。二、若入大火，火不能燒。三、落入水中，波浪不能没。四、入諸鬼蜮，鬼不加害。五、臨當被刀杖殺害，刀杖自折斷。六、夜叉、羅刹、病魔等鬼不敢惡眼視之，何況加害。七、人和刑械枷鎖，不能著身。八、經過荒山險路，盜賊不敢劫奪財寶。九、好色淫亂衆生，可改邪歸正。十、心懷嗔恨，好發怒、好報復的人，可熄滅怒火。十一、昏迷愚昧衆生，永離痴愚。十二、欲求生男，可得福德智慧之男。十三、欲求生女，可得相貌端正福德柔順之女。十四、讓整個宇宙，有不可勝數的菩薩隨類化身，教化衆生。無畏觀音法相特征是：頭戴寶冠，冠中有阿彌陀佛像，半跏趺坐於赤岩石之上，作自在相，左手靠獅子之上，作思維相，右手持蓮花或作施無畏印。施無畏印是觀音菩薩常做的手印，其特征是：屈手上舉於胸前，手指自然舒展，手掌向外。喻：能使衆生心安，無所畏怖。

二十七、日月觀音

日月觀音又名六臂日月觀音。因其左右上方兩臂分持日月而得名。四川大足北山石窟第一三六號窟北壁，有一尊宋代石雕"六臂日月觀音"，像高二三四公分。日月觀音六臂之中，其中兩臂向上托日月，一臂置於胸前，一臂置於腹前，其餘二臂分別持寶劍和鉞斧。日喻：救眼睛無光者；月喻：救患熱病令清凉。因此尊觀音六臂，故有人將日月觀音稱之爲"如意輪觀音"。但是，如意輪觀音六臂之中必須有如意寶珠和寶輪，然而日月觀音六臂之中并沒有。《大悲陀羅尼經》中有"呼盧呼盧醯利"梵語，意譯爲："作法自在，毫無煩惱"。據說此爲觀世音菩薩示現爲日月觀音相的根據。《大悲咒圖解》對"手捧日月"之相作如下解釋："手捧日月放光明，化度人天。是說修成菩薩道的人，其作法自在，隨時隨地都可以隨意示現，救苦救難，解除世人一切病苦。此無他，皆由於慈悲心的精誠感召所至。"大足石窟石雕六臂日月觀音肌體細膩，大度雍容、容貌豐滿，嚴然如冰肌玉骨的美人。民間供奉的日月觀音法相，多受此尊觀音造像之影響。

二十八、一如觀音

三十三觀音之一。不二爲一，不異爲如，是爲一如，故名。一如即真如之理，因此又名真如觀音。早期佛經譯籍中譯爲"本無"，意爲事物的真實情況與性質。各宗派以不同的角度亦稱作：性空、實相、佛性、法身等。《成唯識論》卷九："真，謂真實，顯非虛妄；如，謂如常，表無變易。"《大乘起信論》把先具有佛教全部功德而又永恒不變的"真心"當作"真如"，"一心"即是"真如"。鳩摩羅什譯《摩訶般若波羅蜜經·曇無竭品》云："諸佛無所從來，去無所至，何以故？諸法'如'不動故。是諸法'如'，諸如來'如'，皆是一'如'，無二無別，菩薩以是如入諸法實相。"故而，"如"的特點是不動，是無別。一如之稱的由來，另有一種解釋，是因其對楞嚴三昧經卷中的魔界、佛界、不二不別，而得此名。一如觀音法相有二：一、乘坐在蓮花之上，飛騰在雲霧之中，右手作說法手印，喻觀音菩薩正雲遊四方，尋聲救苦救難。二、坐於雲端蓮花上，立右膝，雙手撫膝上，現降伏雷電之姿。《法華經·普門品》記載："雲擂鼓掣電，降雹樹大雨，念彼觀音力，應時得消散。"據此，一如觀音成了《普門品》中的救天災難之身。

一八三、一如觀音之二

二十九、尋聲救苦觀音

中國民間人士創造宋代畫家張勝温繪有一長卷《梵像卷》。作者根據觀世音菩薩的顯化事迹，創造出各種不同的法相，如《白水精觀世音》《救疾病觀世音》《四十八臂觀世音》等，《尋聲救苦觀世音》是其中一尊。此尊觀音法相對後世影響很大，直至近現代，仍常可以看到此尊觀音像的摹本。佛教認爲：人世間的一切都是苦的，生活在這個世界上的人們，要遭受惡的、有毒的事物的侵害，要産生出諸多的煩惱。啼饑號寒，求生祈命的痛苦呼聲，總是不斷。苦難的種類很多，苦一共有八種：生、老、病、死、愛別離苦、求不得苦、怨憎會苦、五蘊熾盛苦。聖嚴法師在《學佛的基礎》中説："觀世音，就是細心地、深入地觀察着，尋找着世界上一切苦難的呼救聲音。"世上所有的男女老少，凡遇到灾難時，只要誠心誠意稱念觀世音名號，請求救助，觀世音菩薩就會以大無畏的精神，用適當的化身，救衆生脱離苦難。正如《法華經·普門品》所説："應以何身得度者，即現何身而爲説法。"所以説觀世音菩薩的名號含義，就是大慈大悲，尋聲救苦，無處不現身。民間所見的尋聲救苦觀音的形象有多種，如海島岩畔，觀世音立於一瓣蓮葉上或一瓣蓮花上，雙手置於胸前，右手持念珠，神情專注，仿佛在認真傾聽，又仿佛在找尋衆生呼救的聲音。此尊觀音法相深受歷代文人雅士的喜歡與尊崇。

三十、灑水觀音

三十三觀音之一。又名"滴水觀音"。灑水亦稱"灑淨"，即取灑水器以散杖灑香水於壇場使得清净。此爲密宗之修法。"散杖"，灑水用具，本用小束茅草，然后世代之以梅枝。灑時醮水右旋而灑。灑水觀音與净瓶觀音有關。"净瓶"又稱"寶瓶"，内盛净水，象征净化身心。"净水"又稱甘露水。觀音手持灑水器，當以梅枝或楊柳枝醮水灑向人間，或救旱灾而降雨，或除病害而降魔。菩薩灑向人間的甘露之水，不僅爲久旱不雨之地降雨减灾，而且還爲世上争權奪利、禍害百姓的惡人頭上澆一冷水，使其猛醒，做些好事，以免被刑之悔遲。觀世音菩薩遍灑甘露，令眾生了悟菩提，是代表慈悲爲懷，普灑佛法。灑水觀音法相主要有如下幾種：一、取立姿，右手執灑杖，左手執灑水器，作灑水之相。二、立姿，左手執柳，右手持寶瓶作灑水狀。菩薩將甘露之水灑向人間，以救眾生灾難。三、取坐姿，右手作説法印，左手持瓶作灑水狀。此乃普門品中"若爲大水"一句之象征。菩薩頭戴風帽長長的披在肩上，身穿錦袍，半跏趺坐在岩石之上。灑水觀音是民間最普遍供奉的觀音聖像之一。

三十一、馬頭觀音

馬頭觀音，梵文的音譯是“伺耶揭梨婆”。因爲以馬頭置於頂上，故稱爲馬頭觀音。爲密宗八大明王之一，是密教胎藏界三部明王中蓮花部的忿怒尊明王，位於胎藏界曼荼羅觀音院第一行第七位，在中國天台宗被稱爲“獅子無畏觀音”，在六道中是畜生道的救主。觀音菩薩的變化相非常多，一般示現爲溫柔慈悲的形象，而馬頭觀音則示現大忿怒形象，通常面有三目，怒目圓睜，濃眉倒豎，鉅齒獠牙，頭髮如火焰一樣，光芒四射。此觀音形貌憤怒威猛，因爲菩薩慈悲心重，所以示威猛相摧滅一切妖魔障礙，用大威輪光明照破衆生的暗昧，吞食衆生的無明煩惱。

馬頭觀音的形象有多種：一般通身爲赤色，有一面二臂、一面四臂，三面二臂、三面四臂、三面八臂，等等。頭上戴有白色馬頭，面部表情一般爲憤怒或者暴笑的形象，結自在印，坐於寶蓮上。

三十二、持瓶觀音

持瓶觀音又名持華瓶觀音菩薩。因其手持華瓶而得名。此法相常見於古印度、晋、南北朝、隋唐及日本和朝鮮。華瓶亦稱净瓶、澡瓶，又稱寶瓶。八寶吉祥，係佛教傳説中的八件寶物，其中有寶瓶。在佛教看來，寶瓶象征"福智圓滿不漏之謂"，而觀世音菩薩之寶瓶專裝甘露聖水，聖水灑向人間，能帶來祥瑞，它象征天下太平。四十八臂觀音中有寶瓶手和净瓶手，寶瓶造型大而圓，净瓶則呈長圓型，前者喻：爲調和眷屬、後者喻：爲求生梵天者。《大悲心陀羅尼經》中有"娑婆摩訶阿悉陀夜"之梵語，此乃觀世音菩薩示現藥上菩薩相，觀音手持寶瓶，行療衆生疾苦。寶瓶中裝有聖水，可醫治衆生諸疾病，這是觀世音菩薩俯憐一切物類，特隨緣類相，以化導各類衆生，使其皆成就無上妙道的真言。持瓶觀音爲民間常見的觀音聖像之一，歷代觀音造像亦見到各種不同的持瓶觀音法相。上海玉佛寺藏有一尊出土於北魏太和十年的石雕《持瓶觀音立像》。此尊法相造型優美匀稱，右手下垂持寶瓶，而有別於其他持寶瓶灑甘露的觀音像，追求的是整體立像匀稱、流暢。

三十三、觀音菩薩與妙善公主

據《觀音菩薩傳》記載，古代妙莊王有三個女兒，分別是妙元、妙音與妙善。三公主妙善聰慧美麗，從小篤信佛法。到了婚配年齡，父王要爲她婚配，但妙善執意削髮出家。妙莊王一氣之下，便將她逐出王宮。妙善決心皈依佛門，因此隱遁到山林裏的清秀庵修行。妙莊王發現女兒出家，怒火頓起，率兵馬捉拿她，當下在京城斬首示衆，使她的靈魂墮入地獄。

玉皇大帝知道后，命閻羅王將妙善靈魂救起，讓她復活，并在香山紫竹林中修行。從此妙善普渡衆生，行善天下，示現成爲觀世音菩薩。後來，妙莊王得了重病，久治不愈，御醫告訴他需要親骨肉的手眼方可得醫治。在這種情況下，妙莊王的大女兒妙元、二女兒妙音都不肯獻手眼。妙善得知此事后，不念父王舊惡，挖下自己的雙眼，斬下自己的雙手，製成藥丸救活了父親。妙莊王知道后，愧疚萬分，爲紀念自己的愛女，請工匠塑一尊"全手全眼"觀世音像。結果，工匠錯將"全手全眼"聽成"千手千眼"，於是塑出了一尊千手千眼觀音像來。

妙善的故事在十二世紀初的北宋就形成了，記載在河南寶豐縣香山寺的蔡京所寫的《大悲觀音菩薩得道遠征果史話碑》中。當時，有一位被朝廷貶到守汝縣的翰林學士蔣之奇，來到香山寺一游，禮拜當地著名的千手千眼觀音，并聽聞了妙善的故事。之后，蔣之奇上任杭州知府，便將該故事帶到杭州，并在天竺寺刻石立碑，使得妙善故事很快在民間流行起來。

三十四、觀世音菩薩的净土

　　觀世音菩薩要帶衆生去的净土就是阿彌陀佛的極樂世界，净土就是清净没有污染的，稱爲"净土"。人世間是悲苦的、污穢的，稱爲"穢土"。大乘佛教認爲，十方世界佛有無數，所以净土也有無數。按空間分：東方有阿閦如來的净土，西方有彌陀净土，南方有寶生佛的净土。按時間分：過去有燃燈佛的净土，未來有彌勒菩薩等待成佛的兜率净土，現在有釋迦牟尼佛的靈山净土。每尊佛按照他們的本願和衆生的因緣，構建出完美佛土。

　　觀音菩薩的根本净土在西方極樂世界，他在未來要繼阿彌陀佛的佛位，佛號爲"普光功德山王如來"，國土稱爲"衆寶普集莊嚴世界"。他要教化娑婆世界衆生往生西方極樂世界，西方極樂世界就是他永恒的住處。

　　現在，阿彌陀佛正在極樂世界的國度裏説法，無數菩薩和天人圍繞在他的蓮座四周聽法。觀世音與大勢至兩位菩薩是阿彌陀佛的脅侍，一起修學佛法，行菩薩道，他們發大悲願，往來於娑婆世界，規勸衆生往生極樂世界安住。如果有人臨終時稱念阿彌陀佛或是觀世音菩薩的名號，除了阿彌陀佛會來接引之外，觀世音菩薩也會持蓮臺來接引往生者。所以，觀世音菩薩又稱爲"引路菩薩"。

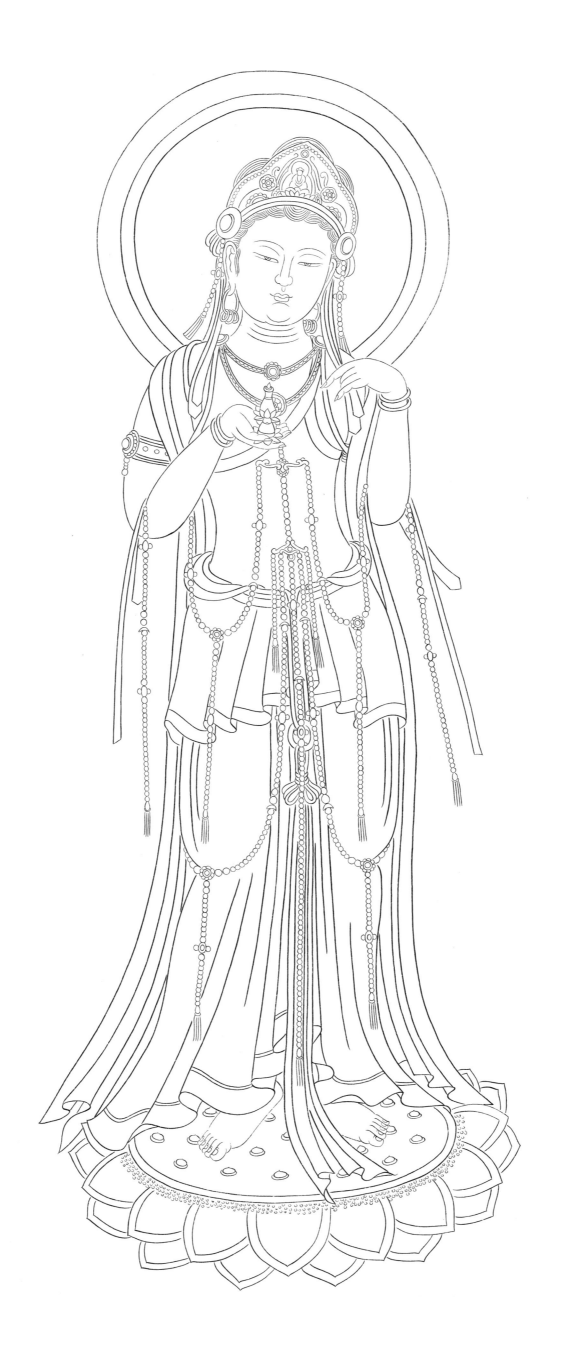

三十五、遊戲觀音

三十三觀音之一。因觀音乘五色彩雲作遊戲坐，故名。遊戲坐又稱安逸坐，是佛教造像中相比於結跏趺坐的崇高寧靜、莊嚴肅穆來的隨便松散的一種坐姿，左手按左膝，右手撫雲，俯觀法界，遍視衆生。中國以青、赤、黄、白、黑五色代表東、西、南、北、中，遊戲觀音乘坐五色飛雲，意爲菩薩行踪無定，猶如行雲一般雲遊四海，救苦救難，普度衆生。《法華經·普門品》載："有人跌自高處，肌膚未損，乃菩薩遊戲自在之法力所至。佛經稱諸佛菩薩救度衆生爲得遊戲三昧。"遊戲，謂自在無礙，而常不失定意，叫遊戲三昧。《法華經》中云："觀世音菩薩，有如是自在神力，遊於娑婆世界。"因觀世音菩薩與娑婆衆生特別有緣，又因娑婆濁惡，菩薩大慈大悲，特別常時遊化，所以我們應對觀世音菩薩特別尊重，恭敬供養。

三十六、三十三體觀音

所謂三十三體觀音，是觀音在法界本位中應緣而化現的應化身，基本上全部都是示現菩薩形。只是這些形象有些并非經典所記載，但是却因爲各種靈驗應化、救苦救難等事迹，而流傳於民間爲大衆所崇仰。

另外據《阿娑縛抄》有二十八化身觀音之説。《千光眼觀自在菩薩秘密經》説有二十五化身，也有四十觀音。《首楞嚴經》有三十二應身，藏傳佛教經典説有三十八化身等説法。或許往後還會因菩薩的悲願力而再加添。現在據《佛像圖繪》中記載的形象，來説明三十三觀音。

1. 楊柳觀音：觀音是爲了利益衆生，隨順衆生的願望而示現的，就如同楊柳隨風飄蕩而不違逆一樣，因此而得名。以楊柳枝替人消除病灾，故又稱之爲藥王觀音。

2. 龍頭觀音：表現站立或坐在雲中乘着龍頭姿勢，被認爲三十三身，觀音教化天龍的化身。

3. 持經觀音：由於此尊觀音手持經卷而得名。在《法華經・普門品》中記載："應以聲聞身得度者，觀世音即現聲聞身而爲説法。"其像立於岩石上，手持經卷，左手放在膝蓋上，這是聲聞身聽了如來説法得道的形象，這也是手持經卷的原因。

4. 圓光觀音：在圓光火焰光明中現出色身，合掌坐於岩石上。據《普門品》所説："如遇王難苦，臨刑欲壽終，念彼觀音力，刀劍斷斷壞。"其形象爲身後發出熾盛的焰火而得名。

5. 游戲觀音：因其游戲自在而得名。《普門品》中説：其被壞人追趕，自金剛山中翻落，因其發揮觀音的神力，絲毫未受傷，仍在高處自在游戲而有此稱。

6. 白衣觀音：着白衣衣衫，坐於敷有軟草的岩石上，手結定印，結跏趺坐。這個形象，或認爲是三十三身之比丘、比丘尼身。

7. 卧蓮觀音：三十三觀音之一，或坐或卧於蓮上而得名。是依《普門品》中："應以小王身得度者，即現小王身而爲説法。"原爲尊貴之身，坐卧蓮上，手成合掌姿勢。

8. 瀧見觀音：因其像坐在岩石上，觀賞瀑布而得名，因此又名觀瀑觀音。依《普門品》中：如有人被陷害，而被推入火坑中，此時只要念觀音《普門品》中的經文，就可將火坑變成池塘。

9. 施藥觀音：因其爲衆生消除苦痛，取得快樂而得名。在《普門品》中："即使衆生被困，蒙受無限的痛苦，只要念誦觀音名號，觀音就會使出妙方，傾盡全力救助天下蒼生，使他們能免於一切灾禍。"他的形象是坐在浮於水面的岩石上，右手支撐臉頰，左手放在腰上，似乎凝視着蓮花一般，既悠静又文雅。

10. 魚籃觀音：專門排除羅刹、毒龍、惡鬼等障礙，其形象或有乘騎大魚，或是手提裝有大魚的籃子，據傳即是龐蘊居士的女兒。或認爲是《普門品》中"或遇惡羅刹、毒龍諸鬼等，念彼觀音力，時悉不敢害。"的文句象征。此係起源於中國唐代之民間信仰，現今盛行於日本。或謂魚籃觀音乃馬郎婦觀音，又有謂魚籃觀音之像，乃唐代人誤以龐蘊居士之女靈照持籃之像訛傳而來者。

11. 德王觀音：是據《普門品》所説："應以梵王身得度者，觀世音即現梵王身而爲説法。"梵王是色界之王，由於品德至高，因而得名德王。

12. 水月觀音：在月光下乘一葉蓮花舟，蕩於海上，寂静地觀水中之相，或認爲是三十三身的闢支佛身。

13. 一葉觀音：乘一片蓮花，悠然飄蕩於水面上，或認爲是三十三身之宰官身。

14. 青頸觀音：代表三十三身内的佛身。至於青頸一名，有説源自濕婆神，當諸神攪拌乳海求甘露時，浮現一個毒水壺，濕婆神恐毒害衆生，所以大發慈悲，自己喝下，因而頸部變成青色。至於觀音，可能是由此事轉化而來。若供奉此尊觀音，有助於修行、除病、或避免横禍。

15. 威德觀音：此尊以天大將軍身現身，爲衆生授解佛法。因其威德高望而得此名。

16. 延命觀音：倚於水邊岩上，悠然而欣賞水面景物，或認爲是《普門品》中："詛咒諸毒藥，所欲害身者，念彼觀音力，還著於本人。”一文的象徵形象，以其能除諸毒害壽命之物，而得延命，故名延命觀音。

17. 衆寶觀音：右手着地，右足伸展，左手置於立着的膝上，或有認爲是三十三身内的長者身。

18. 岩户觀音：是指《普門品》中“蚖蛇及蝮蠍，氣毒烟火燃，念彼觀音力，尋聲自回去”之文的象徵形象。

19. 能静觀音：意指人遭遇灾難時，能保持安静和沉着。亦是據觀音《普門品》所説：若諸衆生，爲求金銀、珠寶、硨磲、瑪瑙、珊瑚、琥珀、真珠等財寶，渡海尋找，假使遭遇黑風襲擊，飄墮到羅刹鬼國，船中的人，只需有一人，喊着觀世音菩薩的名字，即可解救全體的羅刹之難。

20. 阿耨觀音：阿耨之名，亦就是在巨海之中打敗龍魚及諸鬼，而有阿耨達池或阿耨大泉，譯作無熱池。是據《普門品》中：“或漂流巨海遭逢龍魚諸鬼難，誦念觀世音，波濤遂平静。”而得名。

21. 阿摩提觀音：此尊專掌施無畏之德，其形象爲白肉色，三目四臂，騎乘白獅，周身充滿火焰，着天衣瓔珞等，用以代表莊嚴。面貌慈悲，專心諦視左方狀。而在此三十三觀音内所現的姿態是左膝倚於岩上，二手置於膝上。有認爲是三十三身的毗沙門身。

22. 葉衣觀音：坐於有草的岩石上，有認爲是三十三身中的帝釋身。

23. 玻璃觀音：別名高王觀音，乘一葉蓮花瓣，輕漂於水面，雙手捧玻璃壺，有認爲是三十三身中自在天身。

24. 多羅尊觀音：又稱救度母觀音，全身直立乘於雲上的姿勢。有人認爲是《普門品》中“或值怨賊繞，各執刀加害，念彼觀音力，咸即起慈心”之文的象徵。“多羅”是抵達彼岸的意思，且此菩薩來自觀自在菩薩眼裏，尊名自然別有含意。“多”爲“如如”之意，諸法寶相義；“羅”則代表“塵垢”，合其意思是希望能安然將衆生引過生死大海，到彼岸樂土，這是它名稱由來及含義。

25. 蛤蜊觀音：相傳唐文宗食蛤蜊，有擘而不開着，於是焚香祈求，忽然蛤蜊變作菩薩形象，并以此尊形象出現於蛤蜊貝殼上。有認爲是三十三身的菩薩身。

26. 六時觀音：右手持梵篋的立像，有認爲是三十三身中的居士身。因六時念誦衆生之苦而得名。

27. 普悲觀音：三十三觀音之一，是據《普門品》中“應以大自在天身得度者，即以大自在天身而爲説法”之意而繪。其像兩手藏於法衣内，向前下垂，立於山上。有認爲是三十三身之大自在天身。

28. 馬郎婦觀音：相傳唐朝時，菩薩化身爲一美麗女子，爲勸發大衆學佛，遂以誦經最多者即嫁之爲妻，最後依約嫁於一馬姓青年，所以才有此名。有認爲是三十三身中婦女身。馬郎婦觀音形象爲右手持《法華經》，左手執頭骸骨，女人形。

29. 合掌觀音：立於蓮花臺上，作合掌手勢，是以《普門品》中“應以婆羅門身而得度者，即現婆羅門身而爲説法”之意而繪。有認爲是三十三身之婆羅門身。

30. 一如觀音：坐於雲上之蓮花座，竪立左膝，有制伏雷電之姿。或認爲是《普門品》中“雲雷鼓掣電，降電澍大雨，念彼觀音力，應時得消散”之文的象徵形象。

31. 不二觀音：即本迹不二之義，乘一片浮於水面之蓮葉，或認爲是三十三身中的執金剛神身。

32. 持蓮觀音：乘坐蓮葉，兩手的姿勢是執一莖蓮花。是以《普門品》中“應以童男童女身得度者，即現童男童女身而爲説法”之意而繪，也是三十三身之童男童女身。

33. 灑水觀音：右手執灑杖或楊柳枝，左手執灑水瓶器，作灑甘露水相。是《普門品》中“若爲大水所飄，稱其名號，即得淺處”之文的象徵。

圖版目錄

圖版目錄

圖版目録

圖版目録